CB067649

UMA MEDITAÇÃO POR DIA

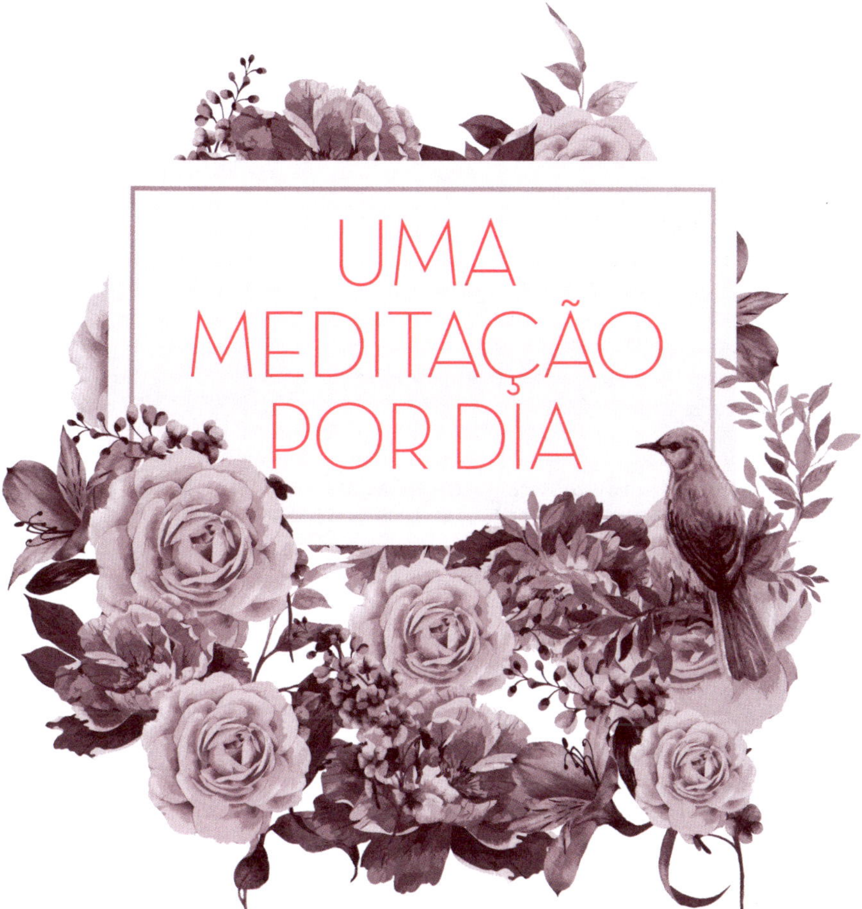

PARA MULHERES

PÓRTICO

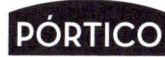

Copyright © Editora Planeta do Brasil, 2016
Todos os direitos reservados.

Coordenador de conteúdo: Marcos Simas
Preparação: Cleber Nadalutti
Revisão: Clara Diament
Projeto gráfico e diagramação: Pedro e Bruna Simas
Capa: Rick Szuecs
Imagem de capa: Ольга Мелихова

CIP-BRASIL. CATALOGAÇÃO NA PUBLICAÇÃO
SINDICATO NACIONAL DOS EDITORES DE LIVROS, RJ

V663

Uma meditação por dia / coordenação Marcos Simas. - 1. ed. - São Paulo : Planeta, 2016.

ISBN 978-85-422-0825-2

1. Deus. 2. Meditações - Vida cristã. I. Simas, Marcos.

16-35644

CDD: 242
CDU: 27-184.2

2016
Todos os direitos desta edição reservados à
EDITORA PLANETA DO BRASIL LTDA.
Rua Padre João Manuel, 100 – 21o andar
Ed. Horsa II – Cerqueira César
01411-000 – São Paulo-SP
www.planetadelivros.com.br
atendimento@editoraplaneta.com.br

DADOS PESSOAIS

Nome:_____
Endereço:_____
_____
Bairro:_____
Telefone:_____
Celular:_____
E-mail:_____
Em caso de emergência, avisar:_____
Telefone:_____

IMPORTANTE

_____
_____
_____
_____
_____
_____
_____
_____
_____

A CADA MANHÃ AS MISERICÓRDIAS SE RENOVAM

Quando o sol nasce e faz despontar um novo dia, por mais que estejamos seguros de nossos atos rotineiros e as expectativas do que queremos alcançar nos tranquilizem o coração, é impossível determinarmos o transcorrer das horas. A cada novo dia, a vida nos revela muitas surpresas, e, com elas, vêm também os cuidados de Deus.

Organizar nossos compromissos deve ser uma atividade diária, sistemática, para obtermos sucesso em nossos objetivos e atender as necessidades do dia a dia. Dispor de uma mensagem para motivar o início de cada manhã pode fazer esse processo ser mais prazeroso e inspirador, independentemente dos desafios, planejamentos, metas, reuniões ou encontros que virão nas horas seguintes. Por isso, *Uma meditação por dia* pretende proporcionar uma jornada com o controle de Deus. É Ele quem sabe de todas as coisas.

Cada dia apresenta um texto meditativo, geralmente de pessoas que tiveram experiências com Deus ou que, de certa forma, podem dar sustentação àquilo que falam. Começar o dia meditando com uma frase ou um versículo bíblico que nos encoraja a vencer as tempestades, que nos impulsiona a acreditar nos nossos sonhos, que aumenta nossa fé pela crença no poder de Deus e na capacitação que Ele nos dá é, sem dúvida alguma, um apoio à fé, ao pensamento positivo, à confiança no Altíssimo. Ele é o dono de nossos caminhos. Que este seja mais um ano de vitórias em Cristo!

Precisamos entender que, mesmo que as coisas fujam ao nosso controle, elas continuam rigorosamente sob o controle de Deus. Cremos no cuidado amoroso do Senhor. Ele trabalha para aqueles que nEle esperam. Ele governa os céus e a terra e, também, os destinos da nossa vida.

Hernandes Dias Lopes

JANEIRO

Dia			
1	Lc. 5:27-39	Gn. 1-2	Sl. 1
2	Lc. 6:1-26	Gn. 3-5	Sl. 2
3	Lc. 6:27-49	Gn. 6-7	Sl. 3
4	Lc. 7:1-17	Gn. 8-10	Sl. 4
5	Lc. 7:18-50	Gn. 11	Sl. 5
6	Lc. 8:1-25	Gn. 12	Sl. 6
7	Lc. 8:26-56	Gn. 13-14	Sl. 7
8	Lc. 9:1-27	Gn. 15	Sl. 8
9	Lc. 9:28-62	Gn. 16	Sl. 9
10	Lc. 10:1-20	Gn. 17	Sl. 10
11	Lc. 10:21-42	Gn. 18	Sl. 11
12	Lc. 11:1-28	Gn. 19	Sl. 12
13	Lc. 11:29-54	Gn. 20	Sl. 13
14	Lc. 12:1-31	Gn. 21	Sl. 14
15	Lc. 12:32-59	Gn. 22	Sl. 15
16	Lc. 13:1-17	Gn. 23	Sl. 16
17	Lc. 13:18-24	Gn. 24	Sl. 17
18	Lc. 14:1-24	Gn. 25	Sl. 18
19	Lc. 14:25-35	Gn. 26	Sl. 19
20	Lc. 15	Gn. 27:1-45	Sl. 20
21	Lc. 16	Gn. 27:46-28:22	Sl. 21
22	Lc. 17	Gn. 29:1-30	Sl. 22
23	Lc. 18:1-17	Gn. 29:31-30:43	Sl. 23
24	Lc. 18:18-43	Gn. 31	Sl. 24
25	Lc. 19:1-27	Gn. 32-33	Sl. 25
26	Lc. 19:28-48	Gn. 34	Sl. 26
27	Lc. 20:1-26	Gn. 35-36	Sl. 27
28	Lc. 20:27-47	Gn. 37	Sl. 28
29	Lc. 21	Gn. 38	Sl. 29
30	Lc. 22:1-38	Gn. 39	Sl. 30
31	Lc. 22:39-71	Gn. 40	Sl. 31

JANEIRO 1

"Se você encontrar um caminho sem obstáculos, ele provavelmente não leva a lugar nenhum."

 **FRANK CLARK**

JANEIRO 2

"A descrença põe seu problema entre você e Deus; a fé como crença põe Deus entre você e seu problema."

 **STAN TOLER**

JANEIRO 3

"O fato de ser mulher não me torna um tipo diferente de cristão. Mas, o fato de ser cristã, me faz um tipo diferente de mulher."

ELISABETH ELLIOT

JANEIRO 4

"A vida é precária e preciosa. Não presuma que certamente amanhã você estará vivo. Não desperdice a sua vida hoje."

 **JOHN PIPER**

JANEIRO 5

"Deus nunca disse que a jornada seria fácil,
mas Ele disse que a chegada valeria a pena."

 **MAX LUCADO**

JANEIRO 6

"Todos nós precisamos de amigos, pessoas que cuidem de nós, que possam compartilhar nossos momentos de alegria e que nos apoiem em momentos de necessidade e dificuldade."

ALISTER MCGRATH

JANEIRO 7

"Deus, envia-me para qualquer lugar, desde que vás comigo. Coloca qualquer carga sobre mim, desde que me carregues, e desata todos os laços de meu coração, menos o laço que prende o meu coração ao Teu."

DAVID LIVINGSTONE

JANEIRO 8

"As respostas podem ser 'sim' ou 'não' ou 'espere' – mas o Senhor responde."

DAVID VEERMAN

JANEIRO 9

"O perdão marca um recomeço. Aquele que pede perdão sente-se aliviado, porque a culpa pesa mais do que a humildade de admitir o erro."

WILLIAM DOUGLAS

JANEIRO 16

"Quando a graça de Cristo estiver plenamente desperta em sua vida, você descobrirá que não está fazendo algo devido ao medo ou vergonha por causa da culpa, mas age por causa do amor."

CHARLES SWINDOLL

JANEIRO 11

> "Quando um homem não tem nenhuma força,
> se ele se inclinar diante de Deus, ficará poderoso."

DWIGHT L. MOODY

JANEIRO 12

"Não sei por quais caminhos Deus me conduz, mas conheço bem meu guia."

MARTINHO LUTERO

JANEIRO 13

"A obediência é o caminho da liberdade; a humildade, o caminho do prazer; e a unidade, o caminho que conduz à personalidade."

 **C. S. LEWIS**

JANEIRO 14

"Quando o que era difícil se torna impossível, Deus começa a agir."

 **ALINE BARROS**

JANEIRO 15

"Não sei qual deserto você está enfrentando neste momento, mas, se a 'terra prometida' para a qual você está indo vale o esforço, então comemore as dificuldades que escolheu enfrentar."

WILLIAM DOUGLAS

JANEIRO 16

"Entenda: para cada passo que você der em direção a Deus, Ele dará dois em sua direção."

 **STAN TOLER**

JANEIRO 17

"Se nossas circunstâncias nos encontrarem em Deus, encontraremos Deus em todas as nossas circunstâncias."

DWIGHT L. MOODY

JANEIRO 18

"Deus já perdoou sua enorme dívida para com Ele: basta aceitar Jesus para receber o perdão. Agora, resta saber como você irá lidar com aqueles que lhe devem."

WILLIAM DOUGLAS

JANEIRO 19

"Só o silêncio pode conter a sabedoria quando a vida está em risco. Nos primeiros trinta segundos de tensão cometemos os maiores erros de nossas vidas, ferimos quem mais amamos. Por isso, o silêncio é a oração dos sábios."

 **AUGUSTO CURY**

JANEIRO 20

"Deus prefere adoradores a trabalhadores; de fato, os únicos trabalhadores aceitáveis são aqueles que aprenderam a arte da adoração."

 **A. W. TOZER**

JANEIRO 21

"O coração do que tem discernimento adquire conhecimento; os ouvidos dos sábios saem à sua procura."

PROVÉRBIOS 18:15

JANEIRO 22

"É tão fácil aceitar, ficar cativo, preso a um modo de pensar, que isso nos impede de ver as coisas como elas realmente são e de nos tornarmos as pessoas que estamos destinadas a ser."

ALISTER MCGRATH

JANEIRO 23

"No Senhor, todavia, a mulher não é independente do homem, nem o homem independente da mulher. Pois, assim como a mulher proveio do homem, também o homem nasce da mulher. Mas tudo provém de Deus."

 **1CO 11:11-12**

JANEIRO 24

"A verdadeira felicidade só pode ser encontrada quando se faz a vontade do Senhor."

 **DAVID VEERMAN**

JANEIRO 25

"Há uma coisa infinitamente melhor do que fazer uma grande coisa para Deus: estar onde Deus quer que estejamos, fazer o que Deus quer que façamos e não ter nenhuma vontade à parte da Dele."

G. CAMPBELL MORGAN

JANEIRO 26

"A sabedoria de um homem não está em não errar e não passar por sofrimentos, mas no destino que ele dá aos seus erros e sofrimentos."

 **AUGUSTO CURY**

JANEIRO 27

"Se chegar à conclusão de que errou, então esse caminho serviu para lhe revelar a verdade, que pouco antes era inacessível ou nebulosa."

WILLIAM DOUGLAS

JANEIRO 28

"Quando alguém se dispõe a caminhar à luz das promessas de Deus, esta sempre ajudará alguém mais a encontrar seu caminho."

STAN TOLER

JANEIRO 29

"Não deixe as frustrações dominarem você, domine-as.
Faça dos erros uma oportunidade para crescer.
Na vida, erra quem não sabe lidar com seus fracassos."

AUGUSTO CURY

JANEIRO 30

"Por incrível que pareça, ao ser atacado, a melhor defesa é não revidar. Ao fazer a paz, e não a guerra, você se torna mais agradável, trilha um caminho mais leve e, sobretudo, não perde seu foco."

WILLIAM DOUGLAS

JANEIRO 31

"Nós não vivemos de vitórias passadas. Nós não moramos no passado. Nós não vivemos de lembranças. Precisamos de conquistas hoje."

HERNANDES DIAS LOPES

FEVEREIRO

Dia			
1	Lc. 23:1-25	Gn. 41	Sl. 32
2	Lc. 23:26-56	Gn. 42	Sl. 33
3	Lc. 24:1-12	Gn. 43	Sl. 34
4	Lc. 24:13-53	Gn. 44	Sl. 35
5	Hb. 1	Gn. 45:1-46:27	Sl. 36
6	Hb. 2	Gn. 46:28-47:31	Sl. 37
7	Hb. 3:1-4:13	Gn. 48	Sl. 38
8	Hb. 4:14-6:12	Gn. 49-50	Sl. 39
9	Hb. 6:13-20	Ex. 1-2	Sl. 40
10	Hb. 7	Ex. 3-4	Sl. 41
11	Hb. 8	Ex. 5:1-6:27	Pv. 1
12	Hb. 9:1-22	Ex. 6:28-8:32	Pv. 2
13	Hb. 9:23-10:18	Ex. 9-10	Pv. 3
14	Hb. 10:19-39	Ex. 11-12	Pv. 4
15	Hb. 11:1-21	Ex. 13-14	Pv. 5
16	Hb. 11:22-40	Ex. 15	Pv. 6:1-7:5
17	Hb. 12	Ex. 16-17	Pv. 7:6-27
18	Hb. 13	Ex. 18-19	Pv. 8
19	Mt. 1	Ex. 20-21	Pv. 9
20	Mt. 2	Ex. 22-23	Pv. 10
21	Mt. 3	Ex. 24	Pv. 11
22	Mt. 4	Ex. 25-27	Pv. 12
23	Mt. 5:1-20	Ex. 28-29	Pv. 13
24	Mt. 5:21-48	Ex. 30-32	Pv. 14
25	Mt. 6:1-18	Ex. 33-34	Pv. 15
26	Mt. 6:19-34	Ex. 35-36	Pv. 16
27	Mt. 7	Ex. 37-38	Pv. 17
28	Mt. 8:1-13	Ex. 39-40	Pv. 18

FEVEREIRO 1

"Milagres acontecem quando entendemos que Jesus se preocupa com nossas necessidades cotidianas, não apenas com as espirituais."

STAN TOLER

FEVEREIRO 2

"Por trás de toda obra de Deus sempre se encontrará alguma alma ajoelhada."

D. L. MOODY

FEVEREIRO 3

"A gratidão opera milagres ainda maiores naqueles que a demonstram. Ser grato, muito mais do que ser educado, é criar um laço permanente com quem o ajuda, uma ligação positiva e transformadora. É honrar a quem merece honra, que é um princípio bíblico. É se tornar mais humano."

WILLIAM DOUGLAS

FEVEREIRO 4

"Nunca começo a trabalhar de manhã sem pensar que Ele talvez venha interromper meu trabalho e começar o Seu. Não estou esperando a morte – estou esperando por Ele."

G. CAMPBELL MORGAN

FEVEREIRO 5

"O verdadeiro modo de viver nada tem a ver com a quantidade de coisas que podemos espremer da vida, mas com qualidade."

STAN TOLER

FEVEREIRO 6

"Deem graças em todas as circunstâncias, pois esta é a vontade de Deus para vocês em Cristo Jesus."

1 TESSALONICENSES 5:18

FEVEREIRO 7

"A fé não é a crença de que Deus fará o que você quiser.
A fé é a crença de que Deus fará o que é certo."

MAX LUCADO

FEVEREIRO 8

"Não desperdice energia emocional com o que já passou e não volta mais. Para sua vida melhorar, junte o que tem hoje e vá em direção ao futuro. Aprenda com o passado, seja grato por ele e também pelo que tem hoje. Todas as perdas e dificuldades são grandes professores, que podem nos ensinar como agir melhor."

WILLIAM DOUGLAS

FEVEREIRO 9

"Busquem, pois, em primeiro lugar o Reino de Deus e a sua justiça, e todas essas coisas lhes serão acrescentadas."

MATEUS 6:33

FEVEREIRO 16

"Existem coisas melhores adiante do que qualquer outra que deixamos para trás."

C. S. LEWIS

FEVEREIRO 11

"Aquele que está sempre satisfeito, embora tenha tão pouco, é muito mais feliz do que aquele que está sempre a cobiçar mesmo tendo tanto."

MATTHEW HENRY

FEVEREIRO 12

"A soma de atitudes e pensamentos define os comportamentos, e estes geram os resultados."

WILLIAM DOUGLAS

FEVEREIRO 13

"Toda mulher inteligente deve saber que decisões importantes trazem na esteira algumas decepções."

AUGUSTO CURY

FEVEREIRO 14

"É impossível alguém se arrepender de fato sem ter uma profunda decepção consigo mesmo."

A. W. TOZER

FEVEREIRO 15

"Há quem diga que, se não dá para vencer com as regras existentes, devemos mudá-las. Por outro lado, as regras possuem grande valor, e sempre será mais fácil ter sucesso se aprendermos a jogar fazendo uso delas."

WILLIAM DOUGLAS

FEVEREIRO 16

"A construção de uma nova mulher nasce da firmeza de nossa identidade."

PRA. HELENA TANNURE

FEVEREIRO 17

"O Senhor está interessado em cada detalhe, envolve-se em tudo na minha vida, tanto nas coisas grandes quanto nas pequenas."

DAVID VEERMAN

FEVEREIRO 18

"A vida passa rápido demais para que fiquemos revivendo um mesmo instante. Por isso, crie um carimbo mental de 'caso encerrado' para usar quando for necessário."

WILLIAM DOUGLAS

FEVEREIRO 19

"Deus é justo de modo tão severo e inflexível para com o pecado como se nunca tivesse perdoado a iniquidade; não obstante, Ele perdoa os pecadores mediante Cristo Jesus tão generosa e plenamente como se nunca tivesse punido uma transgressão."

CHARLES H. SPURGEON

FEVEREIRO 20

"A maior represália contra um inimigo é perdoá-lo.
Se o perdoamos, ele morre como inimigo e renasce a nossa paz.
O perdão nutre a tolerância e a sabedoria."

AUGUSTO CURY

FEVEREIRO 21

"Há mais restauradora alegria em cinco minutos de adoração do que em cinco noites de folia."

A. W. TOZER

FEVEREIRO 22

"Quem na verdade contemplou a cruz de Cristo não pode jamais falar de casos sem esperança."

G. CAMPBELL MORGAN

FEVEREIRO 23

"Uma esposa exemplar; feliz quem a encontrar! É muito mais valiosa que os rubis. Seu marido tem plena confiança nela e nunca lhe falta coisa alguma. Ela só lhe faz o bem, e nunca o mal, todos os dias da sua vida."

PROVÉRBIOS 31:10-12

FEVEREIRO 24

"Deus sussurra em nossos ouvidos por meio de nosso prazer, fala-nos mediante nossa consciência, mas clama em alta voz por intermédio de nossa dor; este é Seu megafone para despertar o homem surdo."

C. S. LEWIS

FEVEREIRO 25

> "Uma pessoa pode ser intelectualmente brilhante mas espiritualmente ignorante."
>
> **BILLY GRAHAM**

FEVEREIRO 26

"Quanto mais se aumenta a memória de um computador mais se expande sua complexidade; quanto mais se aumenta a capacidade de amar de um ser humano, mais se aumenta sua simplicidade."

AUGUSTO CURY

FEVEREIRO 27

"Uma mulher auxiliadora é aquela que entende o contexto e interfere para prover solução."

PRA. HELENA TANNURE

FEVEREIRO 28

"O crescimento espiritual consiste mais no crescimento da raiz, que está fora do alcance da visão."

MATTHEW HENRY

MARÇO

Dia			
1	Mt. 8:14-34	Lv. 1-2	Pv. 19
2	Mt. 9:1-17	Lv. 3-4	Pv. 20
3	Mt. 9:18-38	Lv. 5-6	Pv. 21
4	Mt. 10:1-25	Lv. 7-8	Pv. 22
5	Mt. 10:26-42	Lv. 9-10	Pv. 23
6	Mt. 11:1-19	Lv. 11-12	Pv. 24
7	Mt. 11:20-30	Lv. 13	Pv. 25
8	Mt. 12:1-21	Lv. 14	Pv. 26
9	Mt. 12:22-50	Lv. 15-16	Pv. 27
10	Mt. 13:1-23	Lv. 17-18	Pv. 28
11	Mt. 13:24-58	Lv. 19	Pv. 29
12	Mt. 14:1-21	Lv. 20-21	Pv. 30
13	Mt. 14:22-36	Lv. 22-23	Pv. 31
14	Mt. 15:1-20	Lv. 24-25	Ec. 1:1-11
15	Mt. 15:21-39	Lv. 26-27	Ec. 1:12-2:26
16	Mt. 16	Nm. 1-2	Ec. 3:1-15
17	Mt. 17	Nm. 3-4	Ec. 3:16-4:16
18	Mt. 18:1-17	Nm. 5-6	Ec. 5
19	Mt. 18:18-35	Nm. 7-8	Ec. 6
20	Mt. 19:1-14	Nm. 9-10	Ec. 7
21	Mt. 19:16-30	Nm. 11-12	Ec. 8
22	Mt. 20:1-16	Nm. 13-14	Ec. 9:1-12
23	Mt. 20:17-34	Nm. 15-16	Ec. 9:13-10:20
24	Mt. 21:1-27	Nm. 17-18	Ec. 11:1-8
25	Mt. 21:28-46	Nm. 19-20	Ec. 11:9-12:14
26	Mt. 22:1-22	Nm. 21	Ct. 1:1-2:7
27	Mt. 22:23-46	Nm. 22:1-40	Ct. 2:8-3:5
28	Mt. 23:1-12	Nm. 22:41-23:26	Ct. 3:6-5:1
29	Mt. 23:13-39	Nm. 23:27-24:25	Ct. 5:2-6:3
30	Mt. 24:1-31	Nm. 25-27	Ct. 6:4-8:4
31	Mt. 24:32-51	Nm. 28-29	Ct. 8:5-14

MARÇO 1

"Não é suficiente dizer às pessoas que sejam 'boas'.
Elas precisam de alguém que mostre como é a bondade."

ALISTER MCGRATH

MARÇO 2

> "A única garantia que temos na vida é a de que ela é cheia de surpresas e mudanças. Não há como evitar isto: enfrentaremos reveses e teremos boas surpresas também. A felicidade não será o resultado das circunstâncias, mas de como você lidará com elas."

WILLIAM DOUGLAS

MARÇO 3

"Os que confiam no Senhor são como o monte Sião, que não se pode abalar, mas permanece para sempre."

SALMOS 125:1

MARÇO 4

"O melhor indicador do caráter de uma pessoa é:
a) como ela trata as pessoas que não podem lhe trazer benefício algum e
b) como ela trata as pessoas que não podem revidar."

ABIGAIL VAN BUREN

MARÇO 5

"Quero ser como Cristo – gentil, de coração manso e rápido no perdão."

DAVID VEERMAN

MARÇO 6

"A vida é um grande e completo texto, que precisa de muitas vírgulas para ser escrito, ainda que essas vírgulas assumam em alguns momentos formatos de lágrimas."

AUGUSTO CURY

MARÇO 7

"Uma alma limpa realiza mais, desenvolve novidades e constrói bons relacionamentos."

BIANCA TOLEDO

MARÇO 8

"Deixe de carregar o peso do seu passado. O passado serve para ensinar a experiência, para dar aula sobre como agir melhor no futuro."

WILLIAM DOUGLAS

MARÇO 9

"A nossa grande honra está em sermos precisamente o que Jesus foi e é. Ser aceito pelos que O aceitam, rejeitado pelos que O rejeitam, amado pelos que O amam e odiado pelos que O odeiam."

A. W. TOZER

MARÇO 16

"O intervalo de tempo entre a juventude e a velhice é mais breve do que se imagina. Quem não tem prazer de penetrar no mundo dos idosos não é digno da sua juventude."

AUGUSTO CURY

MARÇO 11

"Vá e ofereça ao seu chefe o que você oferece a Deus, e veja quanto tempo você durará. Ofereça até mesmo aos seus amigos o que você oferece a Deus e veja quanto tempo vocês ainda serão amigos. Ofereça à sua família o que você oferece a Deus e veja por quanto tempo você terá uma família."

PAUL WASHER

MARÇO 12

"Se existe uma coisa que nós fazemos aqui na terra que vai continuar por toda a eternidade é a nossa adoração."

ANA PAULA VALADÃO

MARÇO 13

"Pensei com meus botões: 'Mesmo o rei da selva tem de afugentar moscas'. Nenhuma vida é livre de aborrecimentos."

STAN TOLER

MARÇO 14

"Nem só de certezas vivem as pessoas de fé. A fé cristã não sobreviveria se não fossem as dúvidas, pois elas têm um aspecto construtivo no estabelecimento de uma fé vigorosa."

WILLIAM DOUGLAS

MARÇO 15

"A linguagem da adoração não é polida, perfeita nem avançada. É apenas sincera."

MAX LUCADO

MARÇO 16

"Separação nunca vem da parte de Deus. Ele está sempre pronto para comunhão com um coração preparado, e nessa feliz comunhão a noiva se torna sempre mais formosa e mais semelhante ao seu Senhor."

HUDSON TAYLOR

MARÇO 17

"Deus nada nega ao cristão, a não ser com o objetivo de dar-lhe algo melhor."

RICHARD CECIL

MARÇO 18

"Se o esforço humano tivesse conseguido uma só vez produzir santidade, então Jesus Cristo teria morrido em vão."

RUSSELL SHEDD

MARÇO 19

"O coração de uma mulher deve ser tão próximo de Deus que um homem precisa persegui-Lo para encontrá-la."

C. S. LEWIS

MARÇO 26

"Ainda que cansado, não retroceda! Leve seus fardos Àquele que alivia sua bagagem e aprenda Dele, que é manso e humilde de coração!"

PRA. HELENA TANNURE

MARÇO 21

"Ame o Senhor, o seu Deus, de todo o seu coração, de toda a sua alma e de todas as suas forças."

DEUTERONÔMIO 6:5

MARÇO 22

"A transformação começa na minha maneira de enxergar a vida – na maneira como penso."

DAVID VEERMAN

MARÇO 23

"Nenhum homem é uma ilha, e você precisará de ajuda para alcançar seus objetivos, nem que seja apenas para compartilhar suas motivações."

WILLIAM DOUGLAS

MARÇO 24

"A incredulidade não dá um passo sem explicações prévias.
A fé não interroga nem calcula, simplesmente confia."

GEORGE MULLER

MARÇO 25

"Gostaríamos de pensar que a vida pode ser repleta apenas de bênçãos. Seria maravilhoso. Mas isso não é realista."

STAN TOLER

MARÇO 26

"O legalismo ofende a justiça de Deus porque julga os irmãos segundo um código moral humano e não em termos de uma comunhão com Cristo."

RUSSELL SHEDD

MARÇO 27

"Entendo que solidariedade é enxergar no próximo as lágrimas nunca choradas e as angústias nunca verbalizadas."

AUGUSTO CURY

MARÇO 28

"Ganhamos alguma coisa em termos de crescimento quando damos ouvidos às críticas que nos são dirigidas, o que não é muito fácil."

GORDON MACDONALD

MARÇO 29

"Deus não se curvou à nossa pressa nervosa, nem adotou os métodos de nossa era imediatista. O homem que deseja conhecer a Deus precisa dedicar-Lhe tempo, muito tempo."

A. W. TOZER

MARÇO 30

"Não quero sufocar ou negar minhas emoções, Senhor, mas quero tê-las sob controle – sob o Seu controle."

DAVID VEERMAN

MARÇO 31

"Não existem pessoas de sucesso e pessoas fracassadas. O que existem são pessoas que lutam pelos seus sonhos ou desistem deles!"

AUGUSTO CURY

ABRIL

Dia			
1	Mt. 25:1-30	Nm. 30-31	Jó 1
2	Mt. 25:31-46	Nm. 32-34	Jó 2
3	Mt. 26:1-25	Nm. 35-36	Jó 3
4	Mt. 26:26-40	Dt. 1-2	Jó 4
5	Mt. 26:47-75	Dt. 3-4	Jó 5
6	Mt. 27:1-31	Dt. 5-6	Jó 6
7	Mt. 27:32-66	Dt. 7-8	Jó 7
8	Mt. 28	Dt. 9-10	Jó 8
9	At. 1	Dt. 11-12	Jó 9
10	At. 2:1-13	Dt. 13-14	Jó 10
11	At. 2:14-47	Dt. 15-16	Jó 11
12	At. 3	Dt. 17-18	Jó 12
13	At. 4:1-22	Dt. 19-20	Jó 13
14	At. 4:23-37	Dt. 21-22	Jó 14
15	At. 5:1-16	Dt. 23-24	Jó 15
16	At. 5:17-42	Dt. 25-27	Jó 16
17	At. 6	Dt. 28	Jó 17
18	At. 7:1-22	Dt. 29-30	Jó 18
19	At. 7:23-8:1	Dt. 31-32	Jó 19
20	At. 8:1-25	Dt. 33-34	Jó 20
21	At. 8:26-40	Js. 1-2	Jó 21
22	At. 9:1-25	Js. 3:1-5:1	Jó 22
23	At. 9:26-43	Js. 5:2-6:27	Jó 23
24	At. 10:1-33	Js. 7-8	Jó 24
25	At. 10:34-48	Js. 9-10	Jó 25
26	At. 11:1-18	Js. 11-12	Jó 26
27	At. 11:19-30	Js. 13-14	Jó 27
28	At. 12	Js. 15-17	Jó 28
29	At. 13:1-25	Js. 18-19	Jó 29
30	At. 13:26-52	Js. 20-21	Jó 30

ABRIL 1

"As pessoas estão vendo o nosso modo de agir mais do que elas estão ouvindo o que dizemos."

MAX LUCADO

ABRIL 2

"No amor não há medo; pelo contrário, o perfeito amor expulsa o medo, porque o medo supõe castigo. Aquele que tem medo não está aperfeiçoado no amor."

1 JOÃO 4:18

ABRIL 3

"O tempo de Deus não é, necessariamente, o que esperamos, e é preciso aprender a lidar com a angústia e a ansiedade de ter seus planos protelados ou completamente modificados."

WILLIAM DOUGLAS

ABRIL 4

"Nunca se é tão velho para ter uma nova meta ou para sonhar um novo sonho..."

C. S. LEWIS

ABRIL 5

"Há muitos miseráveis no território da emoção andando em carros luxuosos, usando joias caras, roupas de marca, e saindo nas colunas sociais. Os verdadeiramente ricos fazem muito do pouco, extraem prazer das coisas simples."

AUGUSTO CURY

ABRIL 6

"A paz não é ausência de problemas, é confiança no meio da tempestade. É o triunfo da fé sobre a ansiedade."

HERNANDES DIAS LOPES

ABRIL 7

"Mesmo agradecendo por cada momento que tenho de viver aqui, sei que a minha esperança não está neste lugar, nesta vida, mas está com o Senhor, na eternidade. Aleluia!"

DAVID VEERMAN

ABRIL 8

"Conhecimento na cabeça é como dinheiro guardado, conhecimento no coração é como dinheiro bem usado."

STEPHEN CHARNOCK

ABRIL 9

"Fidelidade a Deus é a nossa primeira obrigação em tudo que somos chamados a fazer a serviço do evangelho."

IAIN H. MURRAY

ABRIL 16

"A beleza é enganosa, e a formosura é passageira; mas a mulher que teme ao Senhor será elogiada."

PROVÉRBIOS 31:30

ABRIL 11

"Não existe melhor forma de começar um dia ocupado que se ocupar em um breve tempo com o Senhor."

ERIC MADDISON

ABRIL 12

"Para os cristãos artificiais de nossos dias, Jesus sempre precisa experimentar a morte, pois tudo o que desejam ouvir é outro sermão acerca de como Ele morreu."

A. W. TOZER

ABRIL 13

"Deus não nos disciplina para subjugar-nos, mas para nos condicionar para uma vida de utilidade e bem-aventurança."

BILLY GRAHAM

ABRIL 14

"Não é tolo aquele que abre mão do que não pode reter para ganhar o que não pode perder."

JIM ELLIOT

ABRIL 15

"Por mais que tenha errado, saiba que Deus pode socorrê-lo em meio à tribulação."

WILLIAM DOUGLAS

ABRIL 16

"A ansiedade é o resultado natural de centralizarmos as nossas esperanças em qualquer coisa menor que Deus e Sua vontade para nós."

BILLY GRAHAM

ABRIL 17

"Nossa manifestação exterior de Deus jamais pode exceder nosso conhecimento interior."

WATCHMAN NEE

ABRIL 18

"Vocação é aquilo que você faz; tem esforço, tem lutas, mas também tem felicidade e tem frutos!"

PRA. HELENA TANNURE

ABRIL 19

"Minha casa está nos céus. Eu estou apenas viajando por este mundo."

BILLY GRAHAM

ABRIL 20

"Se alguém lhe bloquear a porta, não gaste energia com o confronto, procure as janelas. Lembre-se da água: ela nunca discute com seus obstáculos, apenas os contorna. Portanto, quando alguém o ofender ou frustrar, contorne-o, sem discutir."

AUGUSTO CURY

ABRIL 21

"Compreender que há outros pontos de vista é o início da sabedoria."

THOMAS CAMPBELL

ABRIL 22

"Em sua essência, convicção de pecado é a percepção de que seu relacionamento com Deus está errado."

J. I. PACKER

ABRIL 23

"As palavras em si não são ofensivas, mas ditas com certo tom de voz, ou num dado momento ou com certo sorriso, assemelham-se a autênticas bofetadas na cara."

C. S. LEWIS

ABRIL 24

"Se a cruz não for o centro da nossa religião, a nossa religião não é a de Jesus."

JOHN STOTT

ABRIL 25

"E, quanto à verdade, não podemos abandoná-la, mesmo que isso implique na perda de nossa vida, pois não vivemos para esta geração, nem para servir aos príncipes, mas para o Senhor."

ZWINGLIO

ABRIL 26

"De maneira geral, para liderar você deve ser um criador de soluções, e não de problemas; deve focar nas pessoas e amar o que faz."

WILLIAM DOUGLAS

ABRIL 27

"Deus é aquele que te levanta enquanto as pessoas nem ao menos sabem que você caiu."

ANA PAULA VALADÃO

ABRIL 28

"Muitos vivem apenas porque estão vivos. Vivem sem objetivos, sem metas, sem ideais e sem sonhos. Não sabem como lidar com suas fragilidades e lágrimas. Sabem lidar com os aplausos, mas desesperam-se diante das vaias."

AUGUSTO CURY

ABRIL 29

"É verdade que precisamos de muito mais, mas vamos usar o que temos e Deus nos dará mais."

ADONIRAN JUDSON

ABRIL 30

"Deus não precisa de território aliado para armar uma tenda de provisões."

STAN TOLER

MAIO

Dia			
1	At. 14	Js. 22	Jó 31
2	At. 15:1-21	Js. 23-24	Jó 32
3	At. 15:22-41	Jz. 1	Jó 33
4	At. 16:1-15	Jz. 2-3	Jó 34
5	At. 16:16-40	Jz. 4-5	Jó 35
6	At. 17:1-15	Jz. 6	Jó 36
7	At. 17:16-34	Jz. 7-8	Jó 37
8	At. 18	Jz. 9	Jó 38
9	At. 19:1-20	Jz. 10:1-11:33	Jó 39
10	At. 19:21-41	Jz. 11:34-12:15	Jó 40
11	At. 20:1-16	Jz. 13	Jó 41
12	At. 20:17-38	Jz. 14-15	Jó 42
13	At. 21:1-36	Jz. 16	Sl. 42
14	At. 21:37-22:29	Jz. 17-18	Sl. 43
15	At. 22:30-23:22	Jz. 19	Sl. 44
16	At. 23:23-24:9	Jz. 20	Sl. 45
17	At. 24:10-27	Jz. 21	Sl. 46
18	At. 25	Rt. 1-2	Sl. 47
19	At. 26:1-18	Rt. 3-4	Sl. 48
20	At. 26:19-32	1Sm. 1:1-2:11	Sl. 49
21	At. 27:1-12	1Sm. 2:12-2:36	Sl. 50
22	At. 27:13-44	1Sm. 3	Sl. 51
23	At. 28:1-15	1Sm. 4-5	Sl. 52
24	At. 28:16-31	1Sm. 6-7	Sl. 53
25	Rm. 1:1-15	1Sm. 8	Sl. 54
26	Rm. 1:16-32	1Sm. 9:1-10:16	Sl. 55
27	Rm. 2:1-3:8	1Sm. 10:17-11:15	Sl. 56
28	Rm. 3:9-31	1Sm. 12	Sl. 57
29	Rm. 4	1Sm. 13	Sl. 58
30	Rm. 5	1Sm. 14	Sl. 59
31	Rm. 6	1Sm. 15	Sl. 60

MAIO 1

"Não importa onde eu esteja, ou o que esteja enfrentando, o Senhor está comigo, é meu refúgio e minha força."

DAVID VEERMAN

MAIO 2

"Tentação é o tentador olhando pelo buraco da fechadura para o quarto em que você vive; pecado é o ato de você destrancar a porta e fazer com que seja possível ele entrar."

J. WILBUR CHAPMAN

MAIO 3

"Na Bíblia, a cura para a ansiedade está em depositar sua confiança em Deus. Jesus não determina como lidar com o sentimento; como um bom pai, ele abre espaço para que possamos desenvolver nossa habilidade de enfrentar os problemas da vida."

WILLIAM DOUGLAS

MAIO 4

"A Igreja não existe para satisfazer as nossas necessidades... Nós existimos como igreja para satisfazer as necessidades dos outros."

JOEL HOUSTON

MAIO 5

"Autocontrole é uma conquista alicerçada em uma fé saudável seguida por poderosas atitudes diárias."

BIANCA TOLEDO

MAIO 6

"Para o Mestre dos Mestres a pessoa era mais importante do que seus próprios erros."

AUGUSTO CURY

MAIO 7

"Muitos crentes consagrados jamais atingirão os campos missionários com os seus próprios pés, mas poderão alcançá-los com os seus joelhos."

ADONIRAN JUDSON

MAIO 8

"Deus nem sempre responde às nossas preces da forma como esperamos que Ele o faça. Mas responde."

STAN TOLER

MAIO 9

"Concentre-se nos gigantes e você tropeçará.
Concentre-se em Deus e seus gigantes tropeçarão."

MAX LUCADO

MAIO 16

"Em todas as minhas decisões, grandes ou pequenas, quero obedecer a Sua Palavra e honrá-Lo."

DAVID VEERMAN

MAIO 11

"Às vezes algumas pessoas são realmente difíceis de amar, mas, se eu penso em todas as razões para Deus não me amar, minha perspectiva muda."

JOEL HOUSTON

MAIO 12

"Se servimos à Igreja ou ao Senhor à custa de nosso dever para com nossos entes queridos e de nossas responsabilidades para com nosso lar, algo está errado no equilíbrio de nossa vida cristã."

ALLAN REDPATH

MAIO 13

"De todos os argumentos contra o amor, nenhum faz um apelo mais forte à minha natureza do que 'Cuidado! Isto pode fazer com que sofra'."

C. S. LEWIS

MAIO 14

> "A Bíblia não manda que os pecadores procurem a igreja, mas ordena que a igreja saia em busca dos pecadores."
>
> **BILLY GRAHAM**

MAIO 15

"Os piores estranhos são aqueles que vivem na mesma casa e fingem que se conhecem. Conversam banalidades, mas nunca o essencial."

AUGUSTO CURY

MAIO 16

"Muitos se entristecem com Deus por causa da morte, da doença, da tristeza, do imponderável, e essa revolta se esvai quando percebemos a mensagem e o ensinamento que Ele quer nos transmitir com essa situação."

WILLIAM DOUGLAS

MAIO 17

"Se abasteça em Deus e seja a melhor versão de si mesmo. Aprecie quem você é, aprecie o que você tem, e faça o melhor que você puder."

PRA. HELENA TANNURE

MAIO 18

"Ter fé e confiar em Deus significa que reconhecemos a atividade Dele em nossa vida, independentemente de que tudo pareça sem esperança."

STAN TOLER

MAIO 19

"A graça é o favor especial de Deus dado irrestritamente a pessoas desmerecedoras."

JIM DICHL

MAIO 26

"Quando o homem endurece o coração, Deus continua a falar-lhe, mas o homem não pode ouvir."

BILLY GRAHAM

MAIO 21

"A conformidade com o mundo não pode ser vencida por coisa alguma, a não ser pela conformidade com Jesus."

ANDREW MURRAY

MAIO 22

"Deus não abre mão da sua vida. Deus não desiste do direito que tem de ter você. Ele não abdica do seu amor por você. Ele sempre vai ao seu encontro, no seu encalço."

HERNANDES DIAS LOPES

MAIO 23

"Dificuldades preparam pessoas comuns para destinos extraordinários."

C. S. LEWIS

MAIO 24

"O amor cristão não é vítima de nossas emoções, mas servo de nossa vontade."

JOHN STOTT

MAIO 25

"Mas de uma coisa eu sei: se você estiver passando por tempos problemáticos, é melhor rumar direto a Jesus."

STAN TOLER

MAIO 26

"O pecado é um desafio à justiça de Deus, um roubo à Sua misericórdia, um zombar de Sua paciência, um desprezo ao Seu poder e um desdém ao Seu amor."

JOHN BUNYAN

MAIO 27

> "Ouvir é a linguagem do amor; demonstra minha preocupação para com os outros."
>
> **DAVID VEERMAN**

MAIO 28

"Você não pode impedir que um pássaro pouse em sua cabeça, mas pode impedir que faça ninho."

MARTINHO LUTERO

MAIO 29

"Se você se encontra em tempos difíceis, é hora de recorrer a Jesus com um coração confiante e uma dependência humilde."

STAN TOLER

MAIO 30

"Quem pensa nas consequências dos seus gestos sabe que as pessoas nos respeitam muito mais pelas imagens que construímos dentro delas do que pelas palavras que proferimos fora delas."

AUGUSTO CURY

MAIO 31

"Deus nos permite experimentar os pontos baixos da vida a fim de nos ensinar lições que não poderíamos aprender de nenhuma outra maneira."

C. S. LEWIS

junho

Dia			
1	Rm. 7	1Sm. 16	Sl. 61
2	Rm. 8	1Sm. 17:1-54	Sl. 62
3	Rm. 9:1-29	1Sm. 17:55-18:30	Sl. 63
4	Rm. 9:30-10:21	1Sm. 19	Sl. 64
5	Rm. 11:1-24	1Sm. 20	Sl. 65
6	Rm. 11:25-36	1Sm. 21-22	Sl. 66
7	Rm. 12	1Sm. 23-24	Sl. 67
8	Rm. 13	1Sm. 25	Sl. 68
9	Rm. 14	1Sm. 26	Sl. 69
10	Rm. 15:1-13	1Sm. 27-28	Sl. 70
11	Rm. 15:14-33	1Sm. 29-31	Sl. 71
12	Rm. 16	2Sm. 1	Sl. 72
13	Mc. 1:1-20	2Sm. 2:1-3:1	Dn. 1
14	Mc. 1:21-45	2Sm. 3:2-39	Dn. 2:1-23
15	Mc. 2	2Sm. 4-5	Dn. 2:24-49
16	Mc. 3:1-19	2Sm. 6	Dn. 3
17	Mc. 3:20-35	2Sm. 7-8	Dn. 4
18	Mc. 4:1-20	2Sm. 9-10	Dn. 5
19	Mc. 4:21-41	2Sm. 11-12	Dn. 6
20	Mc. 5:1-20	2Sm. 13	Dn. 7
21	Mc. 5:21-43	2Sm. 14	Dn. 8
22	Mc. 6:1-29	2Sm. 15	Dn. 9
23	Mc. 6:30-56	2Sm. 16	Dn. 10:1-11:2
24	Mc. 7:1-13	2Sm. 17	Dn. 11:2-20
25	Mc. 7:14-37	2Sm. 18	Dn. 11:21-45
26	Mc. 8:1-21	2Sm. 19	Dn. 12
27	Mc. 8:22-9:1	2Sm. 20-21	Os. 1:1-2:1
28	Mc. 9:2-50	2Sm. 22	Os. 2:2-23
29	Mc. 10:1-31	2Sm. 23	Os. 3
30	Mc. 10:32-52	2Sm. 24	Os. 4:1-10

junho 1

"Se você sabe que está errado, ou que não tem razão, não processe a outra pessoa – desista ou faça um acordo. Saiba que, sempre que você espoliar ou explorar o próximo, estará semeando coisas ruins para a sua vida."

WILLIAM DOUGLAS

JUNHO 2

"Na oração, é melhor ter um coração sem palavras do que palavras sem um coração."

JOHN BUNYAN

junho 3

"Assim como o fogo sempre produz calor e fumaça, também a fé sempre vem acompanhada do amor."

MARTINHO LUTERO

JUNHO 4

"O destino não é frequentemente inevitável, mas uma questão de escolha. Quem faz escolha, escreve sua própria história, constrói seus próprios caminhos."

AUGUSTO CURY

junho 5

"As únicas coisas que podemos conservar são as que entregamos a Deus. As que guardamos para nós são as que com certeza perderemos."

C. S. LEWIS

JUNHO 6

"Humildade é aquela virtude que, quando você percebe que a tem, já a perdeu."

ANDREW MURRAY

junho 7

"A conversão não é um processo suave e fácil como algumas pessoas imaginam; se assim fosse, o coração do homem jamais teria sido comparado a um solo não cultivado, e a Palavra de Deus, a um arado."

JOHN BUNYAN

junho 8

"A Bíblia nos ensina que somos seres sociais e que nosso bem-estar completo inclui o bem daqueles que mal conhecemos."

BIANCA TOLEDO

junho 9

"Deus nos ama demais para saciar todos os nossos caprichos."

MAX LUCADO

JUNHO 16

"O Senhor não espera santos instantâneos, apenas discípulos fiéis que enfrentam desafios e seguem as Suas leis todos os dias."

DAVID VEERMAN

junho 11

> "O homem arrepende-se de verdade somente quando aprende que o pecado o tornou incapaz de arrepender-se sem a ajuda da graça renovadora de Deus."
>
> **AUGUSTUS H. STRONG**

junho 12

"O maior carrasco do homem é ele mesmo, e o mais injusto dos homens é aquele que não reconhece isso."

AUGUSTO CURY

JUNHO 13

> "Se uma pessoa adquire a atitude correta em relação ao dinheiro, isso ajudará a endireitar quase todas as outras áreas de sua vida."
>
> **BILLY GRAHAM**

JUNHO 14

"Maturidade não se mede por quão alto você ergue as mãos ao sentir Deus, mas quão firme você O obedece quando não O sente."

RICK WARREN

junho 15

"Lance sua agenda aos pés Dele e deixe-O escrever ou editar os eventos de acordo com Seu desígnio amoroso."

STAN TOLER

junho 16

"Sonhos sem disciplina produzem pessoas frustradas, e disciplina sem sonhos produz pessoas autômatas, que só sabem obedecer a ordens."

AUGUSTO CURY

JUNHO 17

"O amor da criatura para com o Criador requer necessariamente obediência; caso contrário, não tem qualquer sentido."

FRANCIS SCHAEFFER

junho 18

"Uma fé provada é uma fé fortalecida. Por meio das provas aprendemos a conhecer nossas próprias debilidades, mas também a fidelidade de Deus, Seus ternos cuidados, mesmo nas dificuldades que nos envia, para que possamos atravessá-las com Ele."

JOHN DARBY

junho 19

"Quando se educa um homem, educa-se simplesmente um indivíduo, mas quando se educa uma mulher, educa-se uma família."

JAMES AGGREY

JUNHO 26

"A preocupação com a pobreza é tão fatal para o fruto espiritual quanto a alegria maligna por causa de riquezas."

A. W. PINK

JUNHO 21

"Testemunho não é sinônimo de autobiografia. Quando estamos realmente testemunhando, não falamos de nós mesmos, mas de Cristo."

JOHN STOTT

JUNHO 22

"Quando as ordenanças conhecidas da lei de Deus são menosprezadas por uma cultura, esta experimenta a ira de Deus revelada contra ela no colapso progressivo da ordem social e da decência moral."

GREG BAHNSEN

junho 23

"Liderança se conquista com confiança, e esta é construída sobre três pilares: caráter, competência e comunicação."

WILLIAM DOUGLAS

junho 24

"O amor não se alegra com a injustiça, mas se alegra com a verdade. Tudo sofre, tudo crê, tudo espera, tudo suporta."

1 CORÍNTIOS 13:6-7

junho 25

"A fé não é garantia de prosperidade, mas de estar satisfeito em Deus e viver feliz na abundância ou na necessidade."

JOHN PIPER

JUNHO 26

"As provações da vida são inevitáveis, então ore para passar por elas com alegria."

DAVID VEERMAN

junho 27

"A Grande Comissão não é uma opção a ser considerada, é um mandamento a ser obedecido."

HUDSON TAYLOR

JUNHO 28

"Nossas mentes são constituídas de tal forma que não podem, ao mesmo tempo, concentrar-se no Senhor e fixar-se no casaco novo ou chapéu para o próximo inverno."

A. W. PINK

junho 29

"Se for falar da vida de alguém, fale da vida de Cristo! Pois desta sim vale a pena falar."

ANA PAULA VALADÃO

JUNHO 30

"O dinheiro pode transformar mansões em prisões, empresas em masmorras e terras em ilhas. Eu tinha belíssimos jardins, mas quem desfrutava das flores eram meus jardineiros. Quem era rico? Eu ou eles?"

AUGUSTO CURY

JULHO

Dia			
1	Mc. 11:1-14	1Rs. 1	Os. 4:11-5:3
2	Mc. 11:15-33	1Rs. 2	Os. 5:4-15
3	Mc. 12:1-27	1Rs. 3	Os. 6:1-7:2
4	Mc. 12:28-44	1Rs. 4-5	Os. 7:3-16
5	Mc. 13:1-13	1Rs. 6	Os. 8
6	Mc. 13:14-37	1Rs. 7	Os. 9:1-16
7	Mc. 14:1-31	1Rs. 8	Os. 9:17-10:15
8	Mc. 14:32-72	1Rs. 9	Os. 11:1-11
9	Mc. 15:1-20	1Rs. 10	Os. 11:12-12:14
10	Mc. 15:21-47	1Rs. 11	Os. 13
11	Mc. 16	1Rs. 12:1-31	Os. 14
12	1Co. 1:1-17	1Rs. 12:32-13:34	Jl. 1
13	1Co. 1:18-31	1Rs. 14	Jl. 2:1-11
14	1Co. 2	1Rs. 15:1-32	Jl. 2:12-32
15	1Co. 3	1Rs. 15:33-16:34	Jl. 3
16	1Co. 4	1Rs. 17	Am. 1
17	1Co. 5	1Rs. 18	Am. 2:1-3:2
18	1Co. 6	1Rs. 19	Am. 3:3-4:3
19	1Co. 7:1-24	1Rs. 20	Am. 4:4-13
20	1Co. 7:25-40	1Rs. 21	Am. 5
21	1Co. 8	1Rs. 22	Am. 6
22	1Co. 9	2Rs. 1-2	Am. 7
23	1Co. 10	2Rs. 3	Am. 8
24	1Co. 11:1-16	2Rs. 4	Am. 9
25	1Co. 11:17-34	2Rs. 5	Ob.
26	1Co. 12	2Rs. 6:1-7:2	Jn. 1
27	1Co. 13	2Rs. 7:3-20	Jn. 2
28	1Co. 14:1-25	2Rs. 8	Jn. 3
29	1Co. 14:26-40	2Rs. 9	Jn. 4
30	1Co. 15:1-34	2Rs. 10	Mq. 1
31	1Co. 15:35-58	2Rs. 11	Mq. 2

JULHO 1

"Melhor é errar por tentar do que errar por omitir!"

AUGUSTO CURY

JULHO 2

"Mesmo que vivamos em um mundo repleto de injustiças sociais, políticas, raciais..., Deus nos chama para lutar pelo que é justo, reto e bom."

WILLIAM DOUGLAS

JULHO 3

"Estou tão debilitado que nem posso escrever; não posso ler a Bíblia, não posso sequer orar. Só posso ficar quieto nos braços de Deus, como uma criança, e confiar."

HUDSON TAYLOR

JULHO 4

"Nossa vida não deve ser caracterizada por inquietações que geram ansiedade e sim pela fé que produz felicidade."

CHARLES H. SPURGEON

JULHO 5

"Facilmente esquecemos momentos ruins, mas com grande frequência nos lembramos de palavras marcantes ditas como uma faca fincada em nosso peito. Hoje é dia de começar a trazer à consciência o poder que carregamos em nossos lábios, decidindo usá-lo com verdadeira inteligência."

BIANCA TOLEDO

JULHO 6

"Porque sou eu que conheço os planos que tenho para vocês", diz o Senhor, "planos de fazê-los prosperar e não de lhes causar dano, planos de dar-lhes esperança e um futuro. Então vocês clamarão a mim, virão orar a mim, e eu os ouvirei. Vocês me procurarão e me acharão quando me procurarem de todo o coração."

JEREMIAS 29:11-13

JULHO 7

"Vale a pena observar que o verdadeiro sentido da vida vem de alguma coisa 'fora deste mundo'. É espiritual. Eterno."

STAN TOLER

JULHO 8

"Nunca estamos tão vivos como no instante em que nos relacionamos com Deus."

EUGENE PETERSON

JULHO 9

> "Quero ajudar a mudar o mundo, uma pessoa de cada vez – começando por mim."
>
> **DAVID VEERMAN**

JULHO 16

"Conquistas sem riscos são sonhos sem méritos. Ninguém é digno dos sonhos se não usar suas derrotas para cultivá-los."

AUGUSTO CURY

JULHO 11

"O segredo de um cristianismo vigoroso e poderoso para todos os dias é estar sempre olhando para Jesus."

J. C. RYLE

JULHO 12

"Considerar que os dons espirituais têm o mero objetivo de adornar e beneficiar a pessoa que os tem seria tão absurdo quanto dizer: Eu acendo o fogo não para esquentar a sala, mas para esquentar a lareira."

ABRAHAM KUYPER

JULHO 13

"A conversão tira o cristão do mundo; a santificação tira o mundo do cristão."

JOHN WESLEY

JULHO 14

"Ninguém passa pela vida imune à dor e aos problemas."

WILLIAM DOUGLAS

JULHO 15

"Vejo que se deixo de manter breves orações todo dia e durante o dia todo, a intervalos, perco o espírito de oração."

ANDREW BONAR

JULHO 16

"A vida é uma caminhada. Cada dia damos passos. Nosso amanhã é determinado pelos passos que damos hoje."

CHARLES H. SPURGEON

JULHO 17

"Deus manifesta a Sua glória todos os dias e o dia inteiro. A ingratidão nos impede de ver. Seja agradecido por tudo!"

PRA. HELENA TANNURE

JULHO 18

"Nossa incredulidade é a única coisa que impede Deus de nos satisfazer larga e abundantemente com todas as coisas boas."

JOÃO CALVINO

JULHO 19

"Nós barateamos o evangelho quando o retratamos apenas como algo que nos liberta da tristeza, do medo, da culpa e de outras necessidades pessoais, ao invés de apresentá-lo como uma força que nos liberta da ira vindoura."

JOHN STOTT

JULHO 26

"A ausência de dinheiro nos torna pobres, mas o mau uso dele nos torna miseráveis."

AUGUSTO CURY

JULHO 21

"Não me preocupo com o que pode acontecer daqui a cem anos. Aquele que governava o mundo antes de eu nascer cuidará disso igualmente, quando eu estiver morto. A minha parte é melhorar o momento presente."

JOHN WESLEY

JULHO 22

> "A mente do homem é como um depósito de idolatria e superstição; de modo que, se o homem confiar em sua própria mente, é certo que ele abandonará a Deus e inventará um ídolo, segundo sua própria razão."
>
> **JOÃO CALVINO**

JULHO 23

"Os crentes não oram com a intenção de informar a Deus a respeito das coisas que Ele desconhece, ou para incitá-Lo a cumprir o Seu dever, ou para apressá-Lo, como se Ele fosse relutante."

JOÃO CALVINO

JULHO 24

"Quando você toma decisões de vida baseadas na direção do Espírito de Deus e a instrução de Sua Palavra, você não é uma vítima da vida, é o vencedor dela."

STAN TOLER

JULHO 25

"Nossas orações são fracas e pobres. Entretanto, o que importa não é que nossas orações sejam fortes, mas que Deus as ouça."

KARL BARTH

JULHO 26

"No meu relacionamento com o Senhor, bênção significa ter a Sua aprovação e receber as Suas dádivas de bondade."

DAVID VEERMAN

JULHO 27

"Um cristão é senhor livre sobre todas as coisas e não está sujeito a ninguém. Um cristão é um servo prestativo de todas as coisas e sujeito a qualquer um."

MARTINHO LUTERO

JULHO 28

"Não há nenhum náufrago perdido no mais profundo mar de iniquidade que o profundo amor de Deus não possa alcançar e remir."

JOHN HENRY JOWETT

JULHO 29

"Descobrimos nossa espiritualidade quando despertamos para a finitude da vida. Por isso velórios nos fazem tombar no silêncio."

AUGUSTO CURY

JULHO 30

"Experimente não sacrificar valores maiores em troca de valores menores."

WILLIAM DOUGLAS

JULHO 31

"Há pessoas que estão na igreja, mas não têm amor por Deus nem pelos perdidos. Estão na igreja, mas não amam os irmãos. Estão na igreja, mas não têm prazer. Obedecem, mas não com alegria. Estão na Casa do Pai, mas vivem como escravos."

HERNANDES DIAS LOPES

AGOSTO

Dia			
1	1Co. 16	2Rs. 12-13	Mq. 3
2	2Co. 1:1-2:4	2Rs. 14	Mq. 4:1-5:1
3	2Co. 2:5-3:18	2Rs. 15-16	Mq. 5:2-15
4	2Co. 4:1-5:10	2Rs. 17	Mq. 6
5	2Co. 5:11-6:13	2Rs. 18	Mq. 7
6	2Co. 6:14-7:16	2Rs. 19	Na. 1
7	2Co. 8	2Rs. 20-21	Na. 2
8	2Co. 9	2Rs. 22:1-23:34	Na. 3
9	2Co. 10	2Rs. 23:35-24:20	Hc. 1
10	2Co. 11	2Rs. 25	Hc. 2
11	2Co. 12	1Cr. 1-2	Hc. 3
12	2Co. 13	1Cr. 3-4	Sf. 1
13	Jo. 1:1-18	1Cr. 5-6	Sf. 2
14	Jo. 1:19-34	1Cr. 7-8	Sf. 3
15	Jo. 1:35-51	1Cr. 9	Ag. 1-2
16	Jo. 2	1Cr. 10-11	Zc. 1
17	Jo. 3:1-21	1Cr. 12	Zc. 2
18	Jo. 3:22-36	1Cr. 13-14	Zc. 3
19	Jo. 4:1-26	1Cr. 15:1-16:7	Zc. 4
20	Jo. 4:27-42	1Cr. 16:8-43	Zc. 5
21	Jo. 4:43-54	1Cr. 17	Zc. 6
22	Jo. 5:1-18	1Cr. 18-19	Zc. 7
23	Jo. 5:19-47	1Cr. 20-21	Zc. 8
24	Jo. 6:1-24	1Cr. 22-23	Zc. 9
25	Jo. 6:25-59	1Cr. 24	Zc. 10
26	Jo. 6:60-71	1Cr. 25-26	Zc. 11
27	Jo. 7:1-24	1Cr. 27-28	Zc. 12
28	Jo. 7:25-52	1Cr. 29	Zc. 13
29	Jo. 8:1-20	2Cr. 1:1-2:16	Zc. 14
30	Jo. 8:21-47	2Cr. 2:17-5:1	Ml. 1:1-2:9
31	Jo. 8:48-59	2Cr. 5:2-14	Ml. 2:10-16

AGOSTO 1

"A contrição é definida como o sentimento pungente de arrependimento por pecados e ofensas a Deus. O arrependimento foi a maior ferramenta fornecida pelo Criador para os homens, pois é por meio dessa benesse que eles poderão partilhar de Seu Reino."

WILLIAM DOUGLAS

AGOSTO 2

"Deus promete guiar nosso passo seguinte. Precisamos acreditar que os passos de amanhã serão tão firmes quanto os de hoje."

STAN TOLER

AGOSTO 3

"Quando sua perspectiva está em Deus, seu foco esta Naquele que vence qualquer tempestade que a vida pode trazer."

MAX LUCADO

AGOSTO 4

"Muitos dos que têm endereço certo passam pela existência sem nunca percorrer as avenidas do seu próprio ser, são forasteiros para si mesmos, por isso são incapazes de corrigir suas rotas e superar suas loucuras."

AUGUSTO CURY

AGOSTO 5

> "Se gastássemos tanto tempo ensinando as pessoas a orarem quanto as ensinamos a cantar em coral, colocaríamos fogo no mundo."
>
> **LEONARD RAVENHILL**

AGOSTO 6

"Embora ninguém possa voltar atrás e fazer um novo começo, qualquer um pode começar a partir de agora e fazer um final totalmente novo."

PR. ANTÔNIO JÚNIOR

AGOSTO 7

"Muitas vezes, numa só hora quieta de oração, a alma faz maior progresso que em vários dias na companhia de outros; é no deserto que o orvalho é mais fresco e o ar mais puro."

ANDREW BONAR

AGOSTO 8

"Deixe a esperança de uma vida eterna ser a motivação para concentrar-se nas promessas, em vez de nos problemas."

STAN TOLER

AGOSTO 9

"Somos perseguidos, mas não abandonados; abatidos, mas não destruídos."

2 CORÍNTIOS 4:9

AGOSTO 16

"Nossas dores nunca serão maiores que a compaixão de Deus!"

PRA. HELENA TANNURE

AGOSTO 11

"Não olhe as dificuldades como obstáculos, mas como uma maneira de provar que você é capaz!"

PR. ILSON

AGOSTO 12

"Crie um relacionamento pessoal com Deus, busque-O, e Ele responderá de um jeito peculiar e especial, único, de acordo com os planos Dele para sua vida."

WILLIAM DOUGLAS

AGOSTO 13

"Em cada um de nós existem três pessoas: a que nós achamos que somos; a que os outros pensam que somos; e a que Deus sabe que somos."

LEONARD RAVENHILL

AGOSTO 14

"O relacionamento com Deus não promete o livramento sobrenatural das dificuldades, mas o uso sobrenatural delas."

PHILIP YANCEY

AGOSTO 15

> "O professor está sempre em silêncio quando o teste é dado. Se Deus está silencioso em sua vida agora, é um teste de fé."
>
> **RICK WARREN**

AGOSTO 16

"É maravilhoso saber que não há impossível para Deus, então, não duvida, confia em Deus."

THALLES ROBERTO

AGOSTO 17

"Simplesmente ore... Quer saber como aprofundar a sua vida de oração? ORE. Não faça preparativos para orar. Simplesmente ORE!"

MAX LUCADO

AGOSTO 18

"O poder de um ser humano não está na sua musculatura, mas na sua inteligência. Os fracos usam a força, os fortes usam a sabedoria."

AUGUSTO CURY

AGOSTO 19

"Quando não souber, simplesmente diga que não sabe. Seja autêntico."

KEVIN LEMAN

AGOSTO 26

"Desprezar o Cristianismo sem conhecê-lo é estultícia. Conhecê-lo e reprová-lo é cegueira. Conhecê-lo e segui-lo é o maior propósito da vida."

HERNANDES DIAS LOPES

AGOSTO 21

"Deus nunca se atrasa, e quase nunca chega antes da hora, Ele sempre chega na hora certa."

STAN TOLER

AGOSTO 22

"Fé é pisar no primeiro degrau, mesmo que você não veja a escada inteira."

MARTIN LUTHER KING JR.

AGOSTO 23

"Quando avançamos em santidade, crescemos em amor e compaixão pelo próximo!"

PRA. HELENA TANNURE

AGOSTO 24

"Não há nada que você ou eu possamos fazer para 'ganhar' o favor de Deus. Não podemos comprar a graça divina, não importa a quantidade de cartões de crédito que tenhamos."

STAN TOLER

AGOSTO 25

"Reavivamento é renovada convicção de pecado e arrependimento, seguida de um intenso desejo de viver em obediência a Deus. É a entrega da vontade a Ele em profunda humildade."

CHARLES FINNEY

AGOSTO 26

"Desejos morrem diante das perdas e contrariedades, sonhos criam raízes nas dificuldades."

AUGUSTO CURY

AGOSTO 27

"Deus é capaz de realizar, prover, ajudar, salvar, impedir, transformar... Ele é capaz de fazer o que você não pode."

MAX LUCADO

AGOSTO 28

> "Não importa onde eu esteja, o que sinta ou a situação pela qual esteja passando, sei que pertenço ao Senhor, que Ele está comigo e cuida de mim."
>
> **DAVID VEERMAN**

AGOSTO 29

"A vida é um show, e, por trás de um ator ou atriz que falha, há sempre uma pessoa machucada nos bastidores."

AUGUSTO CURY

AGOSTO 30

"A sabedoria não vem automaticamente com a idade. Nada vem – exceto rugas. É verdade, alguns vinhos melhoram com o tempo, mas apenas se as uvas eram boas em primeiro lugar."

ABIGAIL VAN BUREN

AGOSTO 31

"Deus nunca se atrasa em questões de perdão. Sabe o momento exato em que nossa alma precisa de alívio!"

STAN TOLER

SETEMBRO

Dia			
1	Jo. 9:1-23	2Cr. 6	Ml. 2:17-3:18
2	Jo. 9:24-41	2Cr. 7	Ml. 4
3	Jo. 10:1-21	2Cr. 8	Sl. 73
4	Jo. 10:22-42	2Cr. 9	Sl. 74
5	Jo. 11:1-27	2Cr. 10-11	Sl. 75
6	Jo. 11:28-57	2Cr. 12-13	Sl. 76
7	Jo. 12:1-26	2Cr. 14-15	Sl. 77
8	Jo. 12:27-50	2Cr. 16-17	Sl. 78:1-20
9	Jo. 13:1-20	2Cr. 18	Sl. 78:21-37
10	Jo. 13:21-38	2Cr. 19	Sl. 78:38-55
11	Jo. 14:1-14	2Cr. 20:1-21:1	Sl. 78:56-72
12	Jo. 14:15-31	2Cr. 21:2-22:12	Sl. 79
13	Jo. 15:1-16:4	2Cr. 23	Sl. 80
14	Jo. 16:4-33	2Cr. 24	Sl. 81
15	Jo. 17	2Cr. 25	Sl. 82
16	Jo. 18:1-18	2Cr. 26	Sl. 83
17	Jo. 18:19-38	2Cr. 27-28	Sl. 84
18	Jo. 18:38-19:16	2Cr. 29	Sl. 85
19	Jo. 19:16-42	2Cr. 30	Sl. 86
20	Jo. 20:1-18	2Cr. 31	Sl. 87
21	Jo. 20:19-31	2Cr. 32	Sl. 88
22	Jo. 21	2Cr. 33	Sl. 89:1-18
23	1Jo. 1	2Cr. 34	Sl. 89:19-37
24	1Jo. 2	2Cr. 35	Sl. 89:38-52
25	1Jo. 3	2Cr. 36	Sl. 90
26	1Jo. 4	Ed. 1-2	Sl. 91
27	1Jo. 5	Ed. 3-4	Sl. 92
28	2Jo.	Ed. 5-6	Sl. 93
29	3Jo.	Ed. 7-8	Sl. 94
30	Jd.	Ed. 9-10	Sl. 95

SETEMBRO 1

"Podemos tentar evitar fazer escolhas ao não fazermos nada, mas mesmo isso é uma decisão."

GARY COLLINS

SETEMBRO 2

"Abrir mão da culpa não significa esquecer o erro, mas, sim, parar de sofrer pelo passado. O sofrimento será inútil. O que tem utilidade é corrigir os erros e não repeti-los."

WILLIAM DOUGLAS

SETEMBRO 3

"A maior vergonha de nossos dias é que a santidade que ensinamos é anulada pela impiedade de nosso modo de viver."

LEONARD RAVENHILL

SETEMBRO 4

"Por menores que possam ser os nossos compromissos, Ele nos deu o privilégio de vê-los recompensados pela Sua ilimitada provisão."

STAN TOLER

SETEMBRO 5

"Somos pessoas cujas fraquezas fazem parte do plano de Deus. Deus não cria a fraqueza nem a ordena, mas Ele tem um plano para tratá-la quando ela aparece. O plano é o perdão."

RICHARD BOLLES

SETEMBRO 6

"Tudo o que vale a pena ser feito merece e exige ser bem-feito."

PHILLIP YANCEY

SETEMBRO 7

"Uma brasa retirada do fogo logo se apaga, mas, quando é reunida com outras, ajuda a reacender a chama."

RICHARD BAXTER

SETEMBRO 8

"O ódio paralisa a vida, o amor a liberta; o ódio confunde a vida, o amor a harmoniza; ódio escurece a vida, o amor a ilumina."

— MARTIN LUTHER KING JR.

SETEMBRO 9

"Ensine-me o caminho da humildade,
quero escolher o último lugar e me tornar servo dos outros."

DAVID VEERMAN

SETEMBRO 16

"Muitas vezes o Senhor põe abaixo as deliberações dos Seus santos... para que eles fiquem na inteira dependência da Sua providência."

JOÃO CALVINO

SETEMBRO 11

*"Uma vida, apenas, logo passará.
Somente o que for feito para Cristo permanecerá."*

DWIGHT L. MOODY

SETEMBRO 12

"Cada vez que a ovelha bale, perde um bocado, e cada vez que nos queixamos, perdemos uma bênção."

CHARLES H. SPURGEON

SETEMBRO 13

"Nós não somos o que gostaríamos de ser. Nós não somos o que ainda seremos. Mas, graças a Deus, não somos mais quem éramos."

MARTIN LUTHER KING JR.

SETEMBRO 14

"Ser ator ou atriz principal no teatro da vida não significa não falhar ou não chorar, mas ter habilidade para refazer caminhos, coragem para reconhecer erros, humildade para enxergar nossas limitações e força para deixar de ser aprisionado pelos pensamentos pessimistas e emoções doentias."

AUGUSTO CURY

SETEMBRO 15

"Quem vence sem risco, triunfa sem glória... não tenha medo da vida, não tenha medo de vivê-la."

AUGUSTO CURY

SETEMBRO 16

"Para superar desafios, busque equilibrar esforço contínuo, entusiasmo e confiança – fé no objetivo, em você, em Deus, pois nela encontramos força."

WILLIAM DOUGLAS

SETEMBRO 17

"O rompante de coragem e santa ousadia é uma marca daqueles que são penetrados pelo Espírito Santo de Deus."

HERNANDES DIAS LOPES

SETEMBRO 18

"Se você não tem um problema, não precisa de um milagre."

STAN TOLER

SETEMBRO 19

"A consciência é o pregador de Deus em nosso íntimo."

THOMAS BROOKS

SETEMBRO 26

"Na Igreja de Cristo não há ninguém tão pobre que não possa compartilhar conosco algo de valor."

JOÃO CALVINO

SETEMBRO 21

"Nossas vidas começam a perder o sentido no dia em que ficamos calados diante de coisas que importam."

MARTIN LUTHER KING JR.

SETEMBRO 22

"Fé e obediência fazem parte do mesmo pacote. Aquele que obedece a Deus confia Nele; aquele que confia em Deus obedece a Ele."

CHARLES H. SPURGEON

SETEMBRO 23

"Por detrás de uma pessoa que fere há sempre uma pessoa ferida. Ninguém agride os outros sem primeiro se autoagredir. Ninguém faz os outros infelizes se primeiro não for infeliz."

AUGUSTO CURY

SETEMBRO 24

"Saio para pregar com dois objetivos em mente. Primeiro, que todas as pessoas deem sua vida a Cristo. Segundo, quer ninguém mais Lhe entregue a vida ou não, estarei entregando-Lhe a minha."

JONATHAN EDWARDS

SETEMBRO 25

"O diabo sempre coloca uma grande mentira por detrás de um monte de verdades."

KEITH GREEN

SETEMBRO 26

"A esperança é semelhante ao Sol, que lança as sombras para trás de nós, à proporção que marchamos ao seu encontro."

DWIGHT L. MOODY

SETEMBRO 27

"A verdadeira medida de nossa riqueza está em quanto valeríamos se perdêssemos todo nosso dinheiro."

JOHN HENRY JOWETT

SETEMBRO 28

"A estrada do compromisso de fé é pavimentada com a renúncia pessoal e com o negar-se a si mesmo. Deixamos de ser o centro da vida; Deus é a nova referência."

CRAIG GROESCHEL

SETEMBRO 29

"A Sua afirmação de que devo 'continuar pedindo' me diz que uma hora o Senhor vai me atender."

DAVID VEERMAN

SETEMBRO 30

"Cuidado com você mesmo mais do que com qualquer outro homem; carregamos dentro de nós nossos piores inimigos."

CHARLES SPURGEON

OUTUBRO

Dia			
1	Ap. 1	Ne. 1-2	Sl. 96
2	Ap. 2	Ne. 3	Sl. 97
3	Ap. 3	Ne. 4	Sl. 98
4	Ap. 4	Ne. 5:1-7:3	Sl. 99
5	Ap. 5	Ne. 7:4-8:12	Sl. 100
6	Ap. 6	Ne. 8:13-9:37	Sl. 101
7	Ap. 7	Ne. 9:38-10:39	Sl. 102
8	Ap. 8	Ne. 11	Sl. 103
9	Ap. 9	Ne. 12	Sl. 104:1-23
10	Ap. 10	Ne. 13	Sl. 104:24-35
11	Ap. 11	Et. 1	Sl. 105:1-25
12	Ap. 12	Et. 2	Sl. 105:26-45
13	Ap. 13	Et. 3-4	Sl. 106:1-23
14	Ap. 14	Et. 5:1-6:13	Sl. 106:24-48
15	Ap. 15	Et. 6:14-8:17	Sl. 107:1-22
16	Ap. 16	Et. 9-10	Sl. 107:23-43
17	Ap. 17	Is. 1-2	Sl. 108
18	Ap. 18	Is. 3-4	Sl. 109:1-19
19	Ap. 19	Is. 5-6	Sl. 109:20-31
20	Ap. 20	Is. 7-8	Sl. 110
21	Ap. 21-22	Is. 9-10	Sl. 111
22	1Ts. 1	Is. 11-13	Sl. 112
23	1Ts. 2:1-16	Is. 14-16	Sl. 113
24	1Ts. 2:17-3:13	Is. 17-19	Sl. 114
25	1Ts. 4	Is. 20-22	Sl. 115
26	1Ts. 5	Is. 23-24	Sl. 116
27	2Ts. 1	Is. 25-26	Sl. 117
28	2Ts. 2	Is. 27-28	Sl. 118
29	2Ts. 3	Is. 29-30	Sl. 119:1-32
30	1Tm. 1	Is. 31-33	Sl. 119:33-64
31	1Tm. 2	Is. 34-35	Sl. 119:65-96

OUTUBRO 1

"Como a motivação é pessoal e intransferível, só você pode dizer o que lhe dá ânimo, mas uma boa motivação é poder cuidar de si mesmo, ser feliz."

WILLIAM DOUGLAS

OUTUBRO 2

"Não ouça suas emoções em tempos de crise. Ouça a palavra de Deus que ilumina o caminho em dias escuros."

PRA. HELENA TANNURE

OUTUBRO 3

"As aflições fazem amadurecer as virtudes dos santos."

THOMAS BROOKS

OUTUBRO 4

"Ando no traçado do tempo à procura de mim mesmo; até hoje não sei quem sou, mas sou um caminhante e não um conformista."

AUGUSTO CURY

OUTUBRO 5

"Da mesma forma como os bombeiros têm pressa em apagar as chamas de um grande fogo para salvar as vidas, deveríamos ter pressa em incendiar o mundo com o fogo do Espírito Santo para realmente salvar as vidas."

MARVYO DARLEY

OUTUBRO 6

"O tempo todo em que nos concentramos no problema, Deus pensa na solução."

STAN TOLER

OUTUBRO 7

"A chave para perdoar os outros é deixar de se concentrar no que eles fizeram e começar a concentrar-se no que Deus fez por você."

MAX LUCADO

OUTUBRO 8

"O direito de primogenitura do cristão é o poder do Espírito Santo."

LIONEL FLETCHER

OUTUBRO 9

"Procurem um grande amor na vida e cultivem-no. Pois, sem amor, a vida se torna um rio sem nascente, um mar sem ondas, uma história sem aventura! Mas, nunca esqueçam, em primeiro lugar tenham um caso de amor consigo mesmos."

AUGUSTO CURY

OUTUBRO 16

"Não é pecado ficar irado, mas o difícil é não pecar quando estamos irados."

JOHN TRAPP

OUTUBRO 11

"Conhecemos os metais pelo som que produzem e os homens por aquilo que falam."

THOMAS BROOKS

OUTUBRO 12

"Ancore-se no trono de Deus, e depois encurte a corda!"

DWIGHT L. MOODY

OUTUBRO 13

"A experiência nos ensina que às vezes nossos milagres vêm em pequenos grupos, em vez de numa única soma em massa."

STAN TOLER

OUTUBRO 14

"Deus é moralmente responsável por dar a boa coisa chamada livre-arbítrio, mas não é moralmente responsável por todos os males que fazemos com a nossa liberdade."

NORMAN GEISLER

OUTUBRO 15

"Nunca espere dos outros a mesma deferência que tem para com eles. É importante lembrar que mesmo Jesus foi desprezado e traído por aqueles a quem ajudou e que considerava seus amigos."

WILLIAM DOUGLAS

OUTUBRO 16

"Bons pais nutrem o corpo, pais brilhantes nutrem a personalidade."

AUGUSTO CURY

OUTUBRO 17

"A Igreja cristã pode adaptar-se a mudanças culturais, desde que estas não firam preceitos expressos na Palavra de Deus. Quando, porém, essas mudanças contrariam o compromisso com a verdade, a Igreja precisa contrariar o espírito da época, mesmo que isso não lhe renda popularidade."

MARTIN WEIGAERTNER

OUTUBRO 18

"Não devemos dar lugar ao desânimo. É uma tentação perigosa – uma cilada sutil do inimigo. A melancolia faz o coração contrair-se e se machucar, tornando-o incapaz de receber as impressões da graça."

MADAME GUYON

OUTUBRO 19

"Se Deus fez criaturas livres, e se é bom ser livre, então a origem do mal está no uso indevido da liberdade."

NORMAN GEISLER

OUTUBRO 20

"A chave para sabermos qual a vontade de Deus para a nossa vida é querermos fazer a vontade de Deus antes mesmo de saber qual é essa vontade."

LARRY CRABB

OUTUBRO 21

"Na sociedade há muitas pessoas tentando conquistar o mundo exterior, mas não o seu mundo interior. Elas compram bajuladores, mas não amigos; roupas de grife, mas não o conforto. Colocam trancas nas portas, mas não têm proteção emocional."

AUGUSTO CURY

OUTUBRO 22

"Deus escreve com uma pena que nunca borra, fala com uma língua que nunca erra, age com uma mão que nunca falha."

CHARLES H. SPURGEON

OUTUBRO 23

"O ser humano é totalmente livre para aceitar ou rejeitar Deus, não estando sob qualquer coerção da parte Dele, mesmo que Deus conheça todas as coisas, e tenha o controle soberano de todo o Universo."

NORMAN GEISLER

OUTUBRO 24

"Dê tudo que você abandonou completamente a Ele e deixe-O transformar suas recusas em excedentes."

STAN TOLER

OUTUBRO 25

"Todos sabem que errar é humano. Mas insistimos em sermos deuses, temos a necessidade neurótica de sermos perfeitos."

AUGUSTO CURY

OUTUBRO 26

"Quando à noite não conseguir dormir, pare de contar ovelhas e converse com o pastor."

LORICE DACCACHE

OUTUBRO 27

"A presença do medo não significa que você não tem fé. O medo visita a todos. Mas faça do seu medo um visitante, não um residente."

MAX LUCADO

OUTUBRO 28

"Não pense que você vai conseguir dar uma guinada na vida apenas mudando o seu visual. É a alegria do coração que dá beleza ao rosto, e não a beleza do rosto que dá alegria ao coração."

ED RENÉ KIVITZ

OUTUBRO 29

"Um bom nome é sempre melhor do que um grande nome; e um nome no céu é infinitamente melhor do que mil nomes na terra."

THOMAS BROOKS

OUTUBRO 30

"O Senhor espera que eu dê o melhor de mim em todas as áreas, exigindo excelência, especialmente no que se refere a veneração, valores e moralidade."

DAVID VEERMAN

OUTUBRO 31

"Deus lança seus pecados confessados na profundeza dos mares e coloca ali uma placa: 'Proibido pescar'.

DWIGHT L. MOODY

NOVEMBRO

Dia			
1	1Tm. 3	Is. 36-37	Sl. 119:97-120
2	1Tm. 4	Is. 38-39	Sl. 119:121-144
3	1Tm. 5:1-20	Jr. 1-2	Sl. 119:145-176
4	1Tm. 5:21-6:21	Jr. 3-4	Sl. 120
5	2Tm. 1	Jr. 5-6	Sl. 121
6	2Tm. 2	Jr. 7:1-8:17	Sl. 122
7	2Tm. 3	Jr. 8:18-10:25	Sl. 123
8	2Tm. 4	Jr. 11-12	Sl. 124
9	Tt. 1	Jr. 13-15	Sl. 125
10	Tt. 2	Jr. 16	Sl. 126
11	Tt. 3	Jr. 17-18	Sl. 127
12	Fm.	Jr. 19-20	Sl. 128
13	Tg. 1	Jr. 21-22	Sl. 129
14	Tg. 2	Jr. 23-24	Sl. 130
15	Tg. 3	Jr. 25-26	Sl. 131
16	Tg. 4	Jr. 27-28	Sl. 132
17	Tg. 5	Jr. 29-30	Sl. 133
18	1Pe. 1	Jr. 31-32	Sl. 134
19	1Pe. 2	Jr. 33-34	Sl. 135
20	1Pe. 3	Jr. 35-36	Sl. 136
21	1Pe. 4	Jr. 37-38	Sl. 137
22	1Pe. 5	Jr. 39-40	Sl. 138
23	2Pe. 1	Jr. 41-42	Sl. 139
24	2Pe. 2	Jr. 43-44	Sl. 140
25	2Pe. 3	Jr. 45-46	Sl. 141
26	Gl. 1	Jr. 47-48	Sl. 142
27	Gl. 2	Jr. 49-50	Sl. 143
28	Gl. 3:1-20	Jr. 51-52	Sl. 144
29	Gl. 3:21-4:20	Lm. 1-2	Sl. 145
30	Gl. 4:21-31	Lm. 3-4	Sl. 146

NOVEMBRO 1

"A inércia diante de desafios pode resultar em desastre para você."

STAN TOLER

NOVEMBRO 2

"Mudar nossa vida para melhor exige esforço e algum tempo para ver os resultados desse esforço. Costumo dizer que toda terra prometida tem um deserto antes, ou seja, para chegar lá vai ser preciso algum período de peregrinação."

WILLIAM DOUGLAS

NOVEMBRO 3

"Cristo não recusa ninguém pela fraqueza de talentos, para que pessoa alguma fique desmotivada, mas também não aceita ninguém pela grandeza, a fim de que o homem não seja elevado com aquilo que é de tão pouca estima para Deus."

RICHARD SIBBES

NOVEMBRO 4

"A vida diária parece uma zona de guerra conforme sou assaltado por valores, crenças e condutas contrários aos meus."

DAVID VEERMAN

NOVEMBRO 5

"Nosso grande problema é o tráfico de verdades não vividas. Tentamos comunicar o que nunca experimentamos em nossa vida."

DWIGHT L. MOODY

NOVEMBRO 6

"A graça levará um homem para o Céu sem operar milagres, mas a operação de milagres jamais levará um homem ao Céu sem a graça."

MATTHEW HENRY

NOVEMBRO 7

"Nunca oro suplicando cargas mais leves, mas ombros mais fortes."

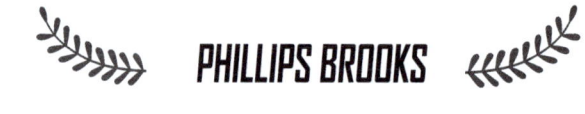

PHILLIPS BROOKS

NOVEMBRO 8

"Um dia, quando encerrar a peça da existência no pequeno palco de um túmulo diante de uma plateia em lágrimas, não quero que digam que ali jaz um homem famoso ou inteligente, mas um ser humano que aprendeu um pouco a vender sonhos para uma sociedade que deixou de sonhar."

AUGUSTO CURY

NOVEMBRO 9

"O amor ao dinheiro é para a Igreja um mal maior do que a soma de todos os outros males juntos."

SAMUEL CHADWICK

NOVEMBRO 16

"Não faça nada que vá levar você para longe das suas amizades verdadeiras. Amizades levam um tempão para se consolidar e um tempinho para esfriar, pois, assim como a proximidade gera intimidade, a distância fragiliza os vínculos."

ED RENÉ KIVITZ

NOVEMBRO 11

"É bom desmascarar os nossos pecados, para que eles não nos desmascarem."

THOMAS WATSON

NOVEMBRO 12

"O caráter é o que você é na escuridão."

DWIGHT L. MOODY

NOVEMBRO 13

"A vontade de Deus é a norma de funcionalidade do universo, qualquer coisa fora é disfuncional."

ARIOVALDO RAMOS

NOVEMBRO 14

"Unidade significa dar às pessoas o direito de tocar sua própria música, em seu próprio acorde, desde que estejam em harmonia com a visão de Deus."

TOMMY TENNEY

NOVEMBRO 15

"Há pessoas que diminuem as consequências de suas atitudes se escondendo na promessa de mudança caso as circunstâncias mudem, mas se esquecem de que quando não temos condições de alçar voos altos, sequer somos autorizados a decolar."

WILLIAM DOUGLAS

NOVEMBRO 16

"A maravilha da graça de Deus é que Ele não aceita de alguns homens um 'não' como resposta."

WALTER CHANTRY

NOVEMBRO 17

"A felicidade não está apenas dentro de nós nem fora de nós, mas sim em nossa união com Deus."

BLAISE PASCAL

NOVEMBRO 18

"O milagre está em Suas mãos... não nas dos outros."

STAN TOLER

NOVEMBRO 19

"Às vezes as verdades mais claras são os argumentos mais fortes em favor dos deveres mais difíceis."

MATTHEW HENRY

NOVEMBRO 20

"Os sonhos trazem saúde para a emoção, equipam o frágil para ser autor da sua história, renovam as forças do ansioso, animam os deprimidos."

AUGUSTO CURY

NOVEMBRO 21

"Deus não espera que submetamos nossa fé a Ele sem razão, mas os próprios limites da nossa razão tornam a fé uma necessidade."

AGOSTINHO

NOVEMBRO 22

"O homem precisa ser salvo de sua sabedoria própria, bem como de sua justiça própria, porque o resultado do ajuntamento das duas é uma e a mesma corrupção."

WILLIAM LAW

NOVEMBRO 23

"Não há nada de errado em ser humano, mas existe algo muito errado com ser hipócrita."

KEVIN LEMAN

NOVEMBRO 24

"Uma consciência culpada é como um redemoinho, atraindo para si coisas que de outra sorte passariam reto."

THOMAS FULLER

NOVEMBRO 25

"Você nunca entenderá por que Deus faz o que faz; basta crer Nele, e isso é tudo o que é necessário. Aprendemos a confiar Nele e como Ele é."

ELISABETH ELLIOT

NOVEMBRO 26

"A aprovação humana não significa nada – só a aprovação de Deus merece ser buscada."

DAVID VEERMAN

NOVEMBRO 27

"Quando chegamos ao fim de nós mesmos, chegamos ao início de Deus."

STAN TOLER

NOVEMBRO 28

"Quando a lei de Deus está escrita em nosso coração, nosso dever é nosso prazer."

MATTHEW HENRY

NOVEMBRO 29

"Dizem que os pássaros, antes de alçar voo, se abaixam um pouco. Às vezes é preciso fazer isso em nossa carreira. Com humildade, baixamos a cabeça, refletimos, pensamos... e voltamos a voar."

WILLIAM DOUGLAS

NOVEMBRO 30

"Os homens que movem o mundo são os que não se deixam mover pelo mundo."

DWIGHT L. MOODY

DEZEMBRO

Dia			
1	Gl. 5:1-15	Lm. 5	Sl. 147
2	Gl. 5:16-26	Ez. 1	Sl. 148
3	Gl. 6	Ez. 2-3	Sl. 149
4	Ef. 1	Ez. 4-5	Sl. 150
5	Ef. 2	Ez. 6-7	Is. 40
6	Ef. 3	Ez. 8-9	Is. 41
7	Ef. 4:1-17	Ez. 10-11	Is. 42
8	Ef. 4:17-32	Ez. 12-13	Is. 43
9	Ef. 5:1-20	Ez. 14-15	Is. 44
10	Ef. 5:21-33	Ez. 16	Is. 45
11	Ef. 6	Ez. 17	Is. 46
12	Fp. 1:1-11	Ez. 18	Is. 47
13	Fp. 1:12-30	Ez. 19	Is. 48
14	Fp. 2:1-11	Ez. 20	Is. 49
15	Fp. 2:12-30	Ez. 21-22	Is. 50
16	Fp. 3	Ez. 23	Is. 51
17	Fp. 4	Ez. 24	Is. 52
18	Cl. 1:1-23	Ez. 25-26	Is. 53
19	Cl. 1:24-2:19	Ez. 27-28	Is. 54
20	Cl. 2:20-3:17	Ez. 29-30	Is. 55
21	Cl. 3:18-4:18	Ez. 31-32	Is. 56
22	Lc. 1:1-25	Ez. 33	Is. 57
23	Lc. 1:26-56	Ez. 34	Is. 58
24	Lc. 1:57-80	Ez. 35-36	Is. 59
25	Lc. 2:1-20	Ez. 37	Is. 60
26	Lc. 2:21-52	Ez. 38-39	Is. 61
27	Lc. 3:1-20	Ez. 40-41	Is. 62
28	Lc. 3:21-38	Ez. 42-43	Is. 63
29	Lc. 4:1-30	Ez. 44-45	Is. 64
30	Lc. 4:31-44	Ez. 46-47	Is. 65
31	Lc. 5:1-26	Ez. 48	Is. 66

DEZEMBRO 1

"Fé torna possível aceitar o que não podemos provar. É a força que move montanhas, faz olhos cegos enxergarem e almas mortas ressuscitarem."

STAN TOLER

DEZEMBRO 2

"Deus segue com você e o fortalece, para enfrentar as dificuldades, e não para evitar ou desviar-se das dores, lutas e tribulações."

GARY HAYNES

DEZEMBRO 3

"O que vale para Deus não é o estilo da canção, mas o estilo do adorador."

MARCOS WITT

DEZEMBRO 4

"Deus conhece você e está mais interessado na atitude do seu coração do que em suas palavras. Por isso, restabelecer seu contato com Ele é simples. O arrependimento e a oração são formas de retomar esse importante contato."

WILLIAM DOUGLAS

DEZEMBRO 5

"A fé não elimina os receios, mas sabe onde depositá-los."

ELISABETH ELLIOT

DEZEMBRO 6

"As palavras são necessárias, as frases podem ter erros, mas os pensamentos são eternos."

JOHN WESLEY

DEZEMBRO 7

"Foi o orgulho que transformou anjos em demônios; é a humildade que faz homens serem como anjos."

AGOSTINHO

DEZEMBRO 8

"Qualquer ensinamento que não se enquadre nas Escrituras deve ser rejeitado, mesmo se faça chover milagres todos os dias."

MARTINHO LUTERO

DEZEMBRO 9

"Os rudes entalhes da repreensão têm o único objetivo de colocar-nos no prumo, para que sejamos utilizados no edifício celestial."

DWIGHT L. MOODY

DEZEMBRO 16

"O tempo é algo precioso, e muitas vezes estamos tão preocupados com o que queremos ter que nos esquecemos de agradecer pelo que já temos."

JOHN WESLEY

DEZEMBRO 11

"Prefiro os que me criticam, porque me corrigem, aos que me adulam, porque me corrompem."

AGOSTINHO

DEZEMBRO 12

"Uma das maiores transformações pessoais derivadas da leitura e do estudo da Sua Palavra ocorre quando o Senhor aponta para mim o que tenho feito de errado e me reconduz à trilha do bem."

DAVID VEERMAN

DEZEMBRO 13

"Adorar a Deus é mais que cantar, adorar a Deus é mais que erguer as mãos; não consiste em rituais e tradições. Adorar a Deus é mais, mais do que vãs repetições."

FERNANDA BRUM

DEZEMBRO 14

"Perceber que não há sentido e propósito na vida nos mantém em perplexidade e dificuldade."

ALISTER MCGRATH

DEZEMBRO 15

"Cumprir sua palavra e falar a verdade são pressupostos da honestidade e repercutem na sua credibilidade."

WILLIAM DOUGLAS

DEZEMBRO 16

"A fé não é uma questão de conversa, mas de confiança."

STAN TOLER

DEZEMBRO 17

"A melhor maneira de viver consiste em gastar seus dias por alguma coisa que dure além da própria vida."

WILLIAM JAMES

DEZEMBRO 18

"Um leão na causa de Deus precisa ser um cordeiro em sua própria causa."

MATTHEW HENRY

DEZEMBRO 19

"A confiança é um edifício difícil de ser construído, fácil de ser demolido e muito difícil de ser reconstruído."

AUGUSTO CURY

DEZEMBRO 26

"A alegria verdadeira não é apenas presença de coisas boas nem apenas ausência de coisas ruins. A verdadeira alegria é uma pessoa, é Jesus."

HERNANDES DIAS LOPES

DEZEMBRO 21

"Não pare de orar até que a montanha tenha se movido."

JOHN PIPER

DEZEMBRO 22

> "Esta é a coisa fundamental, a mais séria de todas: que estamos sempre na presença de Deus."
>
> **D. M. LLOYD-JONES**

DEZEMBRO 23

"A Bíblia é a carta que Deus nos enviou; a oração é uma carta que enviamos a Ele."

MATTHEW HENRY

DEZEMBRO 24

> "Quando os problemas encontram os cristãos orando, eles fazem mais bem do que mal."
>
> **J. BLANCHARD**

DEZEMBRO 25

"Qualquer ensinamento que não se enquadre nas Escrituras deve ser rejeitado, mesmo que faça chover milagres todos os dias."

MARTINHO LUTERO

DEZEMBRO 26

"Podemos suportar melhor a aflição do que a prosperidade, já que na prosperidade nos esquecemos de Deus."

DWIGHT L. MOODY

DEZEMBRO 27

"Paciência é a capacidade de esperar e resistir sem murmuração e desilusão."

JOHN PIPER

DEZEMBRO 28

"Se eu encontrar em mim mesmo um desejo que nenhuma experiência neste mundo pode satisfazer, a explicação mais provável é que eu fui feito para outro mundo."

ALISTER MCGRATH

DEZEMBRO 29

"Eu, particularmente, acredito que sofrimento é parte da vida e que a perseguição pode ser sinal de que estamos fazendo algo relevante."

WILLIAM DOUGLAS

DEZEMBRO 30

"Ao escutar com atenção as promessas de Deus, pessoas comuns como você e eu somos motivadas a mudar-se e reivindicar territórios inimigos."

STAN TOLER

DEZEMBRO 31

"Não leve mágoas, ressentimentos e amarguras para o ano novo. Leve pessoas. Sendo necessário, perdoe ou peça perdão. Geralmente as duas coisas serão necessárias, pois ninguém está sempre e totalmente certo. Respeite as pessoas que não quiserem fazer a mesma viagem com você."

ED RENÉ KIVITZ

Essa agenda foi composta em Angeline Vintage, Calibri e Agency FB e impressa pela RR Donnelley para a Editora Planeta do Brasil em setembro de 2016.